NOVALUNOSIS MARÍTIMA

Manuel Ramos López

COLECCIÓN ITES

NOVALUNOSIS MARÍTIMA

© Manuel Ramos López
© de esta edición: Olé Libros, 2025

ISBN: 979-13-87620-49-3
Depósito legal: V-1391-2025
Impreso en España

KALOSINI, S. L.
Grupo editorial olélibros
equipo@olelibros.com
www.olelibros.com

A Txema Martínez, marinero en tierra

Se puso en pie, increpó al viento y dijo al mar:
«¡Silencio, enmudece!». El viento cesó y vino una gran calma.
Él les dijo: «¿Por qué tenéis miedo?»

Marcos 4, 39-40

Se pusieron en camino y, de pronto,
la estrella que habían visto salir comenzó a guiarlos"

Mateo 2, 9

I
Puerto

1. Afanado en tu haz

Poesía,
si puede tener definición,
es,
sería, debería serlo,
como el fuego palpitante
brotado
al verme reflejado
en tus ojos.

Haz de luz
de tu estrella
será,
es,
el correcto enmarque
para que, en la retina
brote siempre una lumbrera,
para la noche
de los días.

2. RECIBE LUZ

Recibe luz
      un cartucho nuevo.
Parece que
la vida amanece
renacida,
como si nada antes
hubiera sido escrito.

La tinta fluye
      rápido,
menos algún paso fronterizo.

Lo recién acaecido,
frena velozmente
la ocasión
sembrada en el instante.

Es un nuevo cartucho,
secado a trompicones,
rodado y frenado
con la misma
pasión.

Lo ordeño,
lo estrangulo
con tesón,
como todo lo nuevo
que devora,
en su merienda,
las líneas del cuaderno.

Mas la tinta
o escucha primero,
o se transforma
en una ciega mancha
insalubre,
angosta,
ciega.

Punto y silencio.

3. Sentado en la playa

Sentado en la playa,
estudiaba el horizonte
buscando el Parnaso,
un mar donde zambullirme
y ser devorado
por la pasión de sus aguas.

Agarré la caracola,
la agazapé en mis oídos
y contemplé el susurro
de su melodía.
¡Poesía!
Ávida atalaya
contra la muerte y sus cuchillos,
afilado lucernario
contra la noche y sus pasillos,
muralla contra el miedo
y sus eternos sinos
latentes.

Tú, poesía,
cuaderno de bitácora
donde la brújula
reposa.
Ancla amada,
aclamada,
cuando la estrella es cubierta
por la nube,
consuelo indecible
sobre los naufragios de la entraña,
estrella en la que respirar los sueños
vaciando los porqués,
de nada.

4. Porque me miras

Quedé disuelto entre las líneas,
mi olor se desprende
en sus letras,
soy yo,
en palpitante caligrafía.

La estrella es inspiración,
la tinta,
anhelo de seguirla,
el cuaderno
las sinfónicas marejadas
chocando contra mis tímpanos.

Tú, que lees estas grafías,
gracias por hacerme
palpitar en ti,
donde revivo,
porque me miras con tu escucha.

5. PECIUM

Cuando la tormenta
hunde todo atisbo
de llegar a puerto.

Cuando los abordajes
del desatino
de ultramar,
de las sirenas asesinas y hambrientas,
y de Poseidón siempre en combate
duermen el timón.

Cuando el hundimiento
del navío
por los piratas del hastío
y los filibusteros de la realidad
asesinan la luz de La Estrella,
y por la borda
desechan el ancla
que se pierde en la zona abisal
sin amarre,
ahí estás tú,
Poesía,
pecium
al que amarrarse
y, aún a la deriva aparente,
tierra en la que salir a flote,
y empezar a surcar el mar,
una vez más.

II
Mar

El que habla es el mar.
Un murmullo muy leve desde el lecho temible.
[...]
Habla el mar, pero no encuentra relato.
Aurora Luque, *Veril de Sonda*

No hay nada más desnudo que el mar.
Pero con qué fruición las palabras intentan abrigar
su verde cuerpo titánico.
Aurora Luque, *Turafallas*

Tumulto análogo al silencio.
Paul Valéry, *El cementerio marino*

6. Sinfonía oceánica

La boca arenosa y rebosante,
engulle el mástil,
que expulsaba la luz,
que incineraba la memoria
inundando de fuego la mirada.

Escuchaba la vorágine
susurrante del agua.
Canto embelesado,
puerta musicalizada
que saludaba al Misterio.
Un viaje en cápsulas de sal,
hacia un encuentro
bailado en caracolas,
con paz cerrados los ojos,
encumbrando, así,
el alma.

7. Canto de la noche sobre el agua

El trémulo
son del fracaso
danza apasionado por mis venas.
Aplasta con su peso
los compases
por los que mañana enmudece
esperando otras cadencias,
otras escalas,
otros silencios,
ecos en otras claves.

El frío
frena flamático
la crisálida nube,
mientras el sol
juega al escondite
con las preguntas y el hielo.
Su triunfo
será factible,
si amanece la luna
mañana,
divorciada del reloj
y sus tramposos trampolines,
paralizando los pies,
cosidos a los sostenidos,
sordos
silencios sin ninguna clave.

8. Elegía al faro

¿Cómo puede clarear
en medio de la nada?
¿Brota el sol
          en el útero de la noche?

No existe un amanecer
tan negro,
desde que, al alba,
tu sangre
se derrite entre los ladrillos.

El faro
expiró de pánico
al alba
y sus traiciones.

9. ANTES DEL MAR

El día de que se avecina,
viene con hambre atrasada.

LUIS EDUARDO AUTE

Afilan las espadas
con las primeras miradas del alba.

Rezuman los tambores
erizando el bello.

Desembarca el adiós,
en el puerto del vacío,
arriando el llanto y las mareas.

Las fauces de un océano enmudecido
echan las anclas
sobre una amputada gaviota
con olor a lonja frívola
y verdugos naufragios.

El mar tiene pánico al alba,
duerme en la noche,
donde la pesca abunda,
hogar de la estrella,
en la que se acurruca
arropada por su luz.

Pánico al alba.
Se acerca,
ya viene...

10. Entrañas en la cumbre

Si contemplas el mar
y un elevador
late en tus entrañas,
has nacido
para poder acariciar las estrellas
y bailar en su haz.

Has nacido para bailar,
para alzar un alto vuelo,
diluyendo las preguntas
en la afluencia de olas
mientras sucede un férreo combate
del agua brava contra la costa,
llenando el tímpano y el pecho
de una plácida melodía.

Si arde este ascensor,
ya puedes desplegar las alas.

11. Ola y naufragio

Lasciva
como unas sábanas en llamas,
irracional incendio.

Respiro,
breve oquedad airosa
al segundo sucumbida,
severo tiempo
letal y breve.

Temida
y abrazada,
vacía y rebosante,
como una barca perdida
en el fondo del mar.

Un instante,
perpetuado en continuas olas.

Así eres,
Muerte,
hermana,
amante
y asesina.

12. A LA ORILLA DE LA CHIMENEA

A Martina

Sus pisadas en la orilla
destellan
un coloquio con el bravo ponto.

Su sal las transforma
en gaviotas,
cuyo vuelo rebota
en la rosa de los vientos,
buscando el norte.

Su canto trepa hasta el faro,
colmando su tímpano
en un nuevo albor.

Clareará risa y llanto,
una encrucijada y color blanco,
un silencio atronador
y una sanadora carcajada.

Inflamarás el piélago,
si tu estilográfica
abre una puerta
hacia el ancla,
donde reposa la estrella
que espera abrazarte,
cuando tu corazón
pueda izar sus alas,
dirección a su halo,
prendiendo, así, el faro,
de una nueva mañana.

13. Planificaciones

Se trataría de arremeter
el corazón contra el sueño,
se trataría de llamar
al amor «tu memoria»,
se trataría de aclamar
con esperanza y esmero
el pétreo canto
que emana de tu boca.

Se trataría de suplicar
un fuego mal ardiente,
se trataría de buscar
con la vista bien cansada,
se trataría de atisbar
aquella alada mañana
perdida en moribundos sueños,
barcos muertos,
hundidos en esperanza permanente.

Se trataría
de dejarse abrasar.
En el fuego
en que nos amas.

Nos urge a sembrar ascuas,
recogiendo brotes tiernos
de verde luz,
entre otras tantas cenizas,
esparcidas entre tanto mar,
un cambio de timón.

14. BARCA MARCADA

Tu nombre
 ha sido escrito
 en los necróforos muros
 del navío de Caronte.

Fue escrito
 con letra de hierro,
 anclada por el fuego
 de lo insalvable.
 Desplome,
 que el futuro quiebra,
 mermando su aliento.

Tu nombre
 huele a carroña.
 Sepultado en el mar
 con tus muros,
 tus letras,
 tu memoria,
 tus tinteros.

La tierna caricia
de la funesta Hermana,
ha recitado en pretérito
el indicativo de tu latido,
pues,
tu nombre,
y todo el equipaje que lo compone,
está, ahora y por siempre,
tatuado
en los muros
de la barca de Caronte.

15. A LOMOS DE GAVIOTAS

Te desplomarás en sus alas,
el freno del vuelo
será el fin del abismal tobogán.

Te desplomarás en sus alas,
tus pies,
alfombras deshilachadas,
firmarán suelo en las alturas,
con tierra firme,
piedra alada,
sobre el viento liberador.

16. *Troppo mare*

Coruña. Playa de Riazor. Verano de 2023

I

El mar me observa,
como se aguarda engomado a un horno luciendo.
Lo ojeo desasido,
como una pregunta en el aire,
como un vuelo quiebro
de sueño,
embelesado,
como se contempla
una danza.

Me ruge el susurro de su brisa.
Me zarandea la llama
que en sus entrañas yacía.

Las olas alimentan
mi fuego,
al romper su saludo,
refrescando mis pies,
incendiados por el sendero
y sus ascuas vacías.

El mar truena
        en mí, elevándome
hasta el horizonte
que besa mi pequeñez,
con su inconfundible olor

a todo,
embistiendo,
contra la costa de mi nada.

El nudo
hecho en mi vientre
me encumbra,
transido por su infinitud.

El mar me zarandea con enigmas,
como un minotauro
extraviado
en su propio laberinto.

La sal
pegada por sus olores
a mis brazos,
abraza, así, en ellos
la brisa,
                el horizonte,
                las aguas
            que no se abren,
y un nuevo tipo de paz,
del que acata,
que el piélago
no puede ser guarecido
en las palmas de las manos.

II

Dejé mis pisadas
en tu costado,
mientras andaba,
hacía las preguntas
lanzadas por ti
a mis oídos.
Doblaba tus costillas a mi paso.

El muelle vomitaba sosiego,
un silencio
en clave de sol
lanzando la quietud, atardecer cansado.

Mientras la niebla
amanece,
la barca se estremece, pues,
romper amarras
es una puñalada
en el ser y su incandescencia.

Pongo mis pies en tus aguas
adentrándome en ellas,
atendiendo la llamada
de la niebla
a esconder mi rostro
en sus senos,
buscando el destello
que brota
en el corazón del mar,
donde el Sol camina por las aguas.

17. A ORILLAS DE LA PLAYA

Si las nubes
apresan las estrellas,
siéntate, aun así,
a esperar el viento...

Si te abrasa
el anhelo
al sentarte frente a su hoguera,
divisarás los luceros
también esperándote,
sollozando al encontrarse con tu rostro,
danzando al son de tus brumas.

18. Siembra

Vida y muerte
brotan del mismo tallo,
con raíces diferentes,
regadas, con indistintas aguas.

Asperjaré y podaré la primavera,
dormirá, así, el invierno,
dejando la mañana
para las flores y su baile.

19. Huracán

El huracán
danzó
en el filo de tus labios,
piélago de zozobras y tormentas.

Se enmudecieron sus pasos,
como aquel arrojado
de la madera errante,
al sentarse en su deriva.

Salió el sol,
la música era otra.

20. Tu dicción

Tu dicción
vuela hacia mí,
al volcarse el mar sobre sí.

Su melodía me alza
sobre las olas,
me adormece,
me acaricia liviano.

Su frescor salpica mi sien,
haciendo de su susurrante goteo
relojes en huelga.

Me cierra los ojos,
para mirar cara a cara al Misterio
que en ruido blanco musita y aleja,
besando los tímpanos,
anegando las entrañas,
bañando de afasia el entendimiento,
dejando las manos como lonas desplegadas,
escoradas hacia tu orilla.

21. Batel urbano

Madrid,
raíces a la deriva
entre el alquitrán y sus aguas,
parto de orfandad
hacedor de hijos coleccionados y anónimos,
sin más afecto,
sin más lazo
que tu atraque
en mi identidad plastificada.

Madrid,
surco tus arterias
acosado por un cardumen apresurado,
navíos extraviados por las urgencias,
velas arriadas de soledades,
miradas ausentes que buscan zarpar
a un puerto estrellado,
de unas aguas que no aumenten más la sed.

Embarcaciones sordas,
por el tarot taciturno,
ofuscando los faros
con otros sucedáneos
que esclavizan a atraques no deseados.

Madrid,
muelle sin amarre,
carta náutica de mi narración y sus zozobras,
academia de miradas,
bocana segura
para escapar del Leviatán y sus tempestades.

Si tus cielos han sido capturados
por el abordaje del vaho de los motores,
buscaré con ahínco
la luz sin neón,
Cinosura
que custodia mis escoras,
mis titubeos de timón,
y me hace atracar en el mejor puerto
y esperar dirigir mis pasos
entre tus aguas de asfalto y otros abordajes.

III
Stella Maris

22. Luz desde el tren

La luz
      de las tres de la tarde
emula
una mirada ciega
llena de afable
fuego.

Caricia
que alivia
      el febril calor
de las urgencias
sin domesticar.

En este ocre tiempo,
esta luz,
a esta hora,
me remite a lo bello,
tu estrella radiando en mi caverna.
Reminiscencia
de tu Amor
apagado en otras luces,
Amor
que puedes hacer nacer,
una vez más,
      en el ocaso.

23. UNA ESPIRAL DE NOCHE

A Natalia García

Una espiral de noche
se enraizó
sobre mi garganta
impidiendo el uso de la palabra,
helándome el aliento
sin poder respirar.

Los destellos de tus ojos
deshicieron
en manecillas del reloj.
Petrificados tus brazos
dieron calor
torno a mi cuello,
protegiéndome del frío ardiente de la espera,
y el día
renació
sin dietario,
habiendo extraviado su carrera.

No sé si soy poeta,
escritor, a penas.
Mas sí crearía puentes con letras,
para que lo que el espacio
ha distanciado
no lo sucumba el tiempo,
y el deseo que habita
en los segundos presurosos
de ser dos en uno

siga respirando
cuando la resistencia del adiós
impide latir,
aquel alud
de luz,
asesino de una espiral
de noche.

24. PORTADOR DE ESTRELLAS

A Gonzalo Vicente

Allá peregrina el ángel
        del báculo alado.

Lacerado por el peso
        del viaje y sus ujieres.
Paso tras paso,
observa y busca en el horizonte
el silencio
que le haga entonar,
        un trinado amanecido
           en el susurro.

Allá camina el ángel
        del báculo alado.

Porta en su bagaje
una estrella azul,
aflorada en el piélago
para abrir sus alas.

Vuela, ahora,
sobre el añil astro,
sobre las ominosas y eternas aguas
buscando enraizarte en el faro,
donde ella vive,
donde ella late.

Allí fue destinada
por el astro rey,
para que
los marineros,
que en tierra
brotamos,
revestidos del verso
                silencioso,
marchemos
por siempre
sobre las aguas.

25. FÉRREA SOLIDEZ

Eres la roca
que defenestra al enemigo,
lo dejas abismarse
en la negrura
del ruiseñor rendido.

Impides
que mi pie resbale,
sabes que no puedo
suscribir
la cima.

Ves la luz
que arde en mí
de la que yo escapo.

Te fundes en mi suelo
como un manto
adosado a la espalda,
como se adosa el viento
a lo que emerge de la nada.

26. Los verbos en pretérito

Los verbos en pretérito,
brotaron en el sueño
taciturno de la niebla.

Estaba,
decía,
cocinaba,
reía...

Son minuteros de cristal
que apuñalan el alma,
              los tímpanos,
lacerando la memoria,
llenando de ceniza
los astros brotados de las fotos,
enmarcadas,
tatuadas en la zozobra del recuerdo.

El pretérito
destruye las lumbreras,
llenando todo de bruma.

Mas la niebla,
esconde tras de sí
la luz emanada de las estrellas.

27. Canto al del espejo

¡Baja los ojos,
engreído impertinente!
Tú, que aguantas
la mirada
con sonrisa altiva.

Ese de ahí,
devuelto por el cristalino reflejo
no soy yo,
es un espejismo
encerrado tras la duna.

Una estrella
inundada de barniz,
escondido tesoro
que extravié,
dicen que mi reflejo
anda arrastrándose por ahí.

Un proyecto sembrado
en tierras de carmín,
buscando brotar
en un eterno abril,
perpetuamente robado.
Dicen que el hombre postrado
al otro lado del espejo
anda roto por ahí.

Nadando
en aguas asesinadas de añil,
una atrancada puerta,
imposible de abrir...
Dicen que mi reflejo
anda desterrado por ahí.

Un volcán desecho,
un enigma
que no resolví,
un sol reflejado en el mar
que ansioso acecho,
una daga
enraizándose en mi pecho,
dicen que mi reflejo
anda apagado por ahí.

A ti, hombre tras el cristal
que a la oscuridad me condenas,
tan perplejo y tembloroso,
recibe mis respetos.
Cantos ensordecidos
que no puedes escuchar,
cristales abrazados
por retratos certeros
que a chillidos rompí.
Dicen que la raíz de mi imagen
anda cobijada en ti.

28. Bar en la carretera

El candil
dio a luz
una noche tan larga...
Las estrellas
se deshicieron
en un mañana ominosa,
donde el respiro y la vista
clavaban sus raíces,
en una espesa
nube gris,
una luz lacerada
por cataratas
de recuerdos
lamiéndose las heridas.

29. Paradojas

Eres la marea alta
    y el salvavidas
que florece.

La llave que custodia
y la ventana abierta
dentro del muro.

El sol de otoño
y el hogar que pinta
los pies de amor.

Las zapatillas
    descansando al lado de la cama
y el bordón
al lado de la puerta.

Todo y nada,
soledad sonora,
un abrazo multitudinario.

Eres TÚ,
tanto...

La noche que deslumbra,
y la estrella que dirige,
luz que contemplar
con los ojos cerrados.

Eso eres TÚ
la inútil abstracción
de una palabra hecha carne.
El Misterio hecho mirada.

La paloma
y la rama que la cobija y abraza.
La lluvia
y el soportal protector.
La daga envenenada
y los puntos de sutura,
el hambriento calendario
y un reloj de sol
sin anclarse a la corriente.

Un hoy siempre dispuesto
devorado por la pregunta
                    de mañana.
El enigma,
respondido en unas manos,
en unas palabras,
la página en blanco
y un cartucho de tinta
en el que ahogarla.

Un cuadro
de paradójicas acuarelas,
un trazo invisible,
una imagen,
mil palabras,
un silencio que escuchar.

30. COMBATE DE LUZ

El invierno
　　fue ganando funestamente
gélidas batallas,
a cañonazos de hielo.

Mas siempre
　　habrá una ventana al sol,
donde la luz lidera
una calurosa marcha
hacia la cumbre del mañana,
donde morirá el frío
dando a luz la victoria.

Combatiré,
asomado a aquella ventana,
siendo solamente
un girasol en ejercicio.

31. POLARIS

Un refulgente ángel
apartó a mi sombra con empujones
para coserse a mi costado.

Andaba a mi paso,
me miraba de reojo,
me abanicaba con sus alas,
sonreía
cuando me reía de la noche,
lo entendía y compartía,
me encendía de su luz,
brisa de la mar en el rostro.

Un refulgente ángel
fue cosido a mi costado,
empujó a mi sombra
a una mañana horneada al sol,
me coge de la mano
y me da a beber de sus ojos,
un hogar
donde acuchillar el frío,
una vela de luz,
que sostiene la navegación
en las aguas de la noche.

32. Al alba

El mañana
se escapa por las ausencias
abiertas en la pared.

Allí, en los aledaños,
esperan las sombras
del nuevo día,
en el marco
apagando el umbral,
negando la entrada.

La noche
        se apaga
        sin rastro,
        exprimiendo el horizonte.

33. Cena en la terraza

En la luz
de las nueve menos veinte,
amanecen los ojos
acariciando las montañas
antes de cenar.

Entre ellas rebota
el eco del misterio
que se ancla
al halo de las preguntas,
romeras en sus laderas,
ocupas en sus cimas.

En ellas,
únicamente
se escucha
el silencio,
donde truena el arcano,
sostenido por los ejércitos celestes,
en suave susurro liviano
para poder escuchar andando...
Hacia la cima contraria.

34. Martes, una de la mañana

La alfombra
de afilados pétalos
muerde ansiosa
los pies
del mudo vuelo
de la piedra.

Sin estrella,
la alfombra
pierde el calor,
dejando fijada la pisada
en un nuevo tipo de nieve
que incendia las raíces
de las plantas del corazón.

La alfombra,
despeinada como un trastornado
corriendo por la pradera,
no guarda el frío...
los pies carecen de luz.

La noche amanece sobre el reloj,
la estrella
arrastra su halo helado,
hastiado,
abatido,
despeinado,
traspasado por un feroz hielo
que apuñala
el sentido
de los alados pies,

que vuelan a ras del suelo,
sin alfombra.

Ella ha perdido el vuelo.

35. Hacia las estrellas

Si mi pie
            resbala en tus aguas
            y soy mordido por sus fauces,
tu mano,
tu brazo,
serán la Salud
que me haga zarpar por ellas
hacia las estrellas.

36. LA SANGRE SE ME TUERCE OTOÑO

La sangre
se me tuerce otoño,
cuando el carámbano
sobre el que peregrinaba
entona su fragmento
en si menor.

La quebrada senda
fabricada en mi imaginación
volaba por los aires,
con negras alas
dando paso al frío hielo,
helada sed.

Si mi frente
no se abandona
en tu pecho,
tu estrella radiando dentro de mí,
la sangre se me tuerce invierno,
dando muerte a tu calor.

37. Como todo buen Rey Mago

¡Qué alivio
que saliste a buscarme!

Me puedo palpar
pulido por tu pupila palpitante
penetrando tu iris
en mi pecho.

Pétalos pensativos
pisadores de nubes
y sus palmas,
son tus ojos
que me hacen buscar,
que me hacen surcar otras aguas
en tu busca.

Son tus ojos
que sementan
la luz de la estrella
en las raíces
de las que broto,
andando sobre las aguas.

38. NO PERDER LA FE

Días de sol,
llenos de nostalgia
hacia las estrellas
escondidas por el magno astro.

Días de sol
en los que se extraña
la negrura
de los labios de la noche.

En su vientre
bailan las estrellas,
aguas ansiadas
de día,
ablución placentera
en la sombra.

Son las estrellas
las que me hacen detestar,
odiar,
y olvidar
los días de sol.

ÍNDICE